LA NOUVELLE LÉGISLATION

DES

ACTIONS DE PRIORITÉ

PAR

Émile LECOUTURIER

AVOCAT A LA COUR D'APPEL DE PARIS

PARIS

LIBRAIRIE NOUVELLE DE DROIT ET DE JURISPRUDENCE

ARTHUR ROUSSEAU, ÉDITEUR

14, RUE SOUFFLOT ET RUE TOULLIER 13

1903

LA NOUVELLE LÉGISLATION

DES

ACTIONS DE PRIORITÉ

LA NOUVELLE LÉGISLATION

DES

ACTIONS DE PRIORITÉ

PAR

Émile LECOUTURIER

AVOCAT A LA COUR D'APPEL DE PARIS

PARIS

LIBRAIRIE NOUVELLE DE DROIT ET DE JURISPRUDENCE

ARTHUR ROUSSEAU, ÉDITEUR

14, RUE SOUFFLOT ET RUE TOULLIER 13

1903

 L'AVERTISSEMENT

Le présent travail se divise en deux parties. La première comprend le commentaire de la loi du 9 juillet 1902 ; la seconde, celui du projet de loi voté par le Sénat le 10 mars 1903, lequel projet est destiné à améliorer la dite loi et sera vraisemblablement adopté, tel quel, par la Chambre des Députés. Assurément, il eût mieux valu attendre, pour publier ce travail, que la loi modificative ait été adoptée par les deux Chambres. Nous avons été surpris par le dépôt du nouveau projet de loi et par le vote rapide du Sénat. Quoi qu'il en soit, nous espérons que notre étude ne sera pas tout à fait inutile à ceux qui voudront bien la lire.

E. L.

PREMIÈRE PARTIE

COMMENTAIRE DE LA LOI DU 9 JUILLET 1902

INTRODUCTION

1. *But de la loi.* — Le Parlement français vient de voter une loi très importante relative aux actions de priorité. Ces titres spéciaux, qui sont usités depuis de longues années dans les pays voisins et dont la légalité était douteuse dans le nôtre, ont désormais droit de cité en France. Leur utilité n'est pas contestable ; elle est prouvée par l'expansion qu'ils ont prise à l'étranger et par les services qu'ils y rendent. Elle se manifeste principalement dans deux cas déterminés.

2. *Premier mode d'emploi.* — Lorsqu'une société périclite, il lui est impossible de trouver les fonds dont elle a besoin au moyen d'une émission d'actions ordinaires ; d'autre part les administrateurs hésitent souvent à créer des obligations qui grèveraient lourdement son avenir, et dont les garanties ne seraient probablement pas jugées suffisantes par le public. L'action de priorité constitue en pareil cas une ressource précieuse ; aux capitalistes qui consentiront à apporter des fonds, on promet un privilège qui leur assure d'une manière presque certaine l'intérêt de leur argent ; en outre, ils pourront participer à la gestion de l'entreprise dans laquelle ils auront placé ces fonds. L'efficacité de cette garantie a été démontrée bien des fois par le succès des émissions d'actions de priorité auxquelles ont eu recours des sociétés qui avaient besoin de ressources nouvelles [1].

3. *Deuxième mode d'emploi.* — Lorsqu'une société se forme

---

[1]. C'est ce mode d'emploi que le législateur paraît avoir eu principalement en vue, ainsi qu'il résulte du texte même de la loi et des travaux préparatoires. — V. Lyon, 4 mars 1891, *Journ. Soc.*, 1891.343 ; Venise, 1er décembre 1884, *Rev. Soc.*, 1885.349.

et que les fondateurs font des apports en nature, il est souvent très difficile d'en fixer la valeur exacte pour les rémunérer au moyen d'actions libérées ; trop fréquemment les apporteurs la majorent, même de bonne foi. Les souscripteurs d'actions en numéraire courent par là même un grand aléa. Si les apports ont été majorés et que les fondateurs aient reçu un nombre excessif d'actions libérées, ils risquent fort de ne recueillir qu'une part minime de bénéfices, quelquefois même de ne pas recevoir du tout la rémunération légitime de leur argent.

Les actions de priorité fournissent un moyen de remédier à ce grave inconvénient. On les attribuera aux apporteurs d'espèces, qui auront ainsi la certitude de recevoir un « intérêt » avant les apporteurs en nature. De cette manière les premiers bénéfices seront pour eux ; les apporteurs en nature ne viendront qu'ensuite et ne recevront leur quote-part qu'autant que les résultats industriels répondront aux espérances qu'ils avaient fait concevoir concernant la valeur de leurs apports. A ce point de vue, ces actions réduiront l'usage qui était fait jusqu'à ce jour des parts de fondateur, qu'on attribuait souvent aux apporteurs de brevets en particulier, pour proportionner leur rémunération à l'utilité de leur invention et aux résultats de son exploitation [1].

4. *Doutes sur la validité des actions de priorité.* — L'action de priorité apparaît ainsi comme un titre appelé à rendre de grands services aux sociétés. Pourquoi n'avait-elle pas été employée en France jusqu'à ces derniers temps ? C'est que

---

1. V. Lecouturier, *Traité des parts de fondateur*, nos 2 et suiv. — On peut concevoir d'autres emplois possibles de l'action de priorité. Par exemple, en cas de faillite, on proposera aux créanciers des titres de cette nature, afin de faciliter la continuation de l'entreprise en évitant une liquidation ruineuse. De même, en cas de fusion ou de cession de l'actif, ces actions serviront à indemniser les actionnaires de celle des deux sociétés qui vient au secours de l'autre. Ou bien encore elles sont attribuées à l'apporteur en nature qui veut se protéger contre le danger d'une augmentation de capital précédée d'une réduction. Enfin l'on s'en servira peut-être en cas d'augmentation du capital d'une société très prospère, pour avantager les actionnaires d'origine (V. Houpin, *Etude, Journ. Soc.*, 1899.97, les rapports faits au Parlement, et l'*Economiste français* du 24 janvier 1903).

deux textes de loi ont fait douter longtemps de sa légalité. Il est indispensable d'exposer rapidement cette question ; autrement on ne pourrait comprendre ni surtout commenter clairement la loi du 9 juillet 1902.

5. *Raison de douter tirée de l'article 1855 du Code civil.* — Aux termes de l'article 1855 du Code civil, « la convention qui « donnerait à l'un des associés la totalité des bénéfices serait « nulle. Il en est de même de la stipulation qui affranchirait « de toute contribution aux pertes les sommes ou effets mis « dans le fonds de la société par un ou plusieurs des associés ». On se demandait si l'attribution d'un premier dividende aux actions privilégiées n'avait pas pour conséquence de priver les actions ordinaires de toute part dans les bénéfices, et en outre si la faculté de reprendre leur mise avant les autres actionnaires n'exonérait pas les actionnaires privilégiés de toute contribution aux pertes. Il importe d'examiner cette objection, bien qu'elle n'ait pas paru préoccuper les promoteurs de la loi. Ces observations trouveront leur intérêt lorsque seront étudiées plus loin les différentes formes des actions de priorité (V. nᵒ 18).

6. — L'article 1855 s'explique tout naturellement par l'essence même du contrat de société. Aux termes de ce contrat, plusieurs personnes conviennent de mettre quelque chose en commun dans le but de partager le bénéfice qui pourra en résulter. Le partage des bénéfices est le but poursuivi par chacun d'eux. Si l'un des associés en était exclu, son engagement, son apport seraient dénués de toute raison d'être. Il est donc essentiel que tous les associés participent aux bénéfices. De même, il est impossible de concevoir que, dans une société, l'un des associés soit exempté de toute contribution aux pertes. Cette contribution est la contrepartie nécessaire du partage des bénéfices. Si le capital social ne se retrouve pas intact en fin de société, chaque associé subira nécessairement une perte. La contribution aux pertes est même le signe caractéristique de l'existence d'une société, car certaines personnes, telles que les employés intéressés et les porteurs de parts de fondateur, reçoivent une portion des béné-

ficés sans cependant avoir la qualité d'associés, précisément
parce qu'elles ne contribuent pas aux pertes sociales.

7.— En d'autres termes, un associé a nécessairement droit
à une portion des bénéfices, de même qu'il supporte nécessairement une part des pertes, s'il y en a. Tel est le sens de l'article 1855. Par contre, la loi laisse aux parties le soin de
déterminer à leur guise le montant des droits de chaque associé et l'importance de sa contribution aux pertes. Elle
n'exige pas en particulier que les parts soient proportion-
nelles aux mises sociales [1].

8. *L'article* 1855 *n'interdit pas les actions de priorité*. — Il
suffit d'une courte réflexion pour se convaincre que les
actions de priorité ne sont pas prohibées par l'article 1855 du
Code civil. Peut-on dire qu'elles absorbent tous les bénéfices
parce qu'on a stipulé en leur faveur le service d'un premier
dividende avant toute répartition ? Nullement. Il est certain
que, si les bénéfices s'élèvent précisément à la somme qui
sera nécessaire pour le service de ces « intérêts », les autres
actionnaires n'en recueilleront aucune fraction. Mais il en sera
autrement dès que ces bénéfices seront plus importants. Il
y a là un aléa qui ne détruit nullement l'espoir qu'ils peuvent
légitimement nourrir d'en recevoir une quote-part, et cela
suffit pour qu'on ne puisse pas dire qu'ils sont privés de toute
part dans les bénéfices.

De même, de ce que les actionnaires privilégiés reçoivent
avant les autres le remboursement de leur mise, il ne résulte
pas qu'ils soient dispensés de contribuer aux pertes. Ils courent, comme les autres, le risque social. Si la société perd
tout son capital, ils ne pourront pas retirer leur mise ; ils ne
la retireront peut-être qu'en partie, si le capital n'est plus
intact. Sans doute leur situation sera privilégiée à ce point de
vue, lorsque le capital se trouvera réduit juste à une somme
égale au montant total de leurs apports. Mais nous avons vu

---

1. V. Treilhard, *Exp. des motifs*, Dalloz, *Rép.*, Vº *Soc.*, p. 375, 2ᵉ col. ;
—Pont, *Soc. civ. et comm.*, I, nᵒˢ 433 et s. ; Delangle, I, nº 118 ; Dalloz,
Rép., Vº *Soc.*, 414 ; Troplong, nº 635 ; Aubry et Rau, IV, p. 545 ; Hou-
pin, nᵒˢ 124-5.

·plus haut qu'une semblable convention n'est pas interdite par
l'article 1855 (V. n° 7). Cette disposition est respectée du
moment que le remboursement de leur mise n'est pas certain [1].

9. *Raison de douter tirée de l'article 34 du Code de commerce.* — Si la légalité des actions de priorité faisait doute
avant la loi du 9 juillet 1902, c'est surtout à cause de la disposition de l'article 34 du Code de commerce. Aux termes de
cet article, « le capital de la société anonyme *se divise* en
actions et même en coupons d'actions *d'une valeur égale* ».
Or l'article 38, relatif aux sociétés en commandite, dit que
« le capital des sociétés en commandite *pourra* être aussi
divisé en actions... ». Le rapprochement de ces deux articles,
disaient certains auteurs, montre que, pour les sociétés anonymes, la division du capital en actions d'une valeur égale
est *obligatoire,* tandis qu'elle est facultative pour les sociétés
en commandite L'article 34 est donc une disposition impérative, qu'on ne peut transgresser. Or les actions de priorité

---

1. C'est ce qui a été jugé par la Cour de Paris dans une affaire où les
avantages consentis aux actions privilégiées étaient particulièrement lar-
ges. D'après le pacte social, les bénéfices sociaux devaient, après la
création d'un fonds de roulement déterminé, être exclusivement employés
à servir aux actions privilégiées un intérêt annuel de 5 0/0 et ensuite à
rembourser le capital de ces actions. La nullité de cette société fut de-
mandée pour cause de défaut de lien social. Mais la Cour de Paris
rejeta cette prétention : « S'il a été convenu par les statuts que les bénéfices sociaux seraient exclusivement distribués aux actions privilégiées,
jusqu'à ce qu'elles fussent remboursées, il est constant que les actions
de fonds se sont trouvées néanmoins intéressées, dès l'origine, aux profits
de l'entreprise commune, puisque de l'importance des bénéfices réalisés
devait dépendre l'époque plus ou moins prochaine où elles seraient appe-
lées à les recueillir à leur tour ; on ne saurait donc voir dans les dispositions du contrat, si anormales qu'elles soient, un défaut de lien social
entre tous les associés, ni une convention n'intéressant aux bénéfices
qu'une seule catégorie d'associés ; enfin les actions privilégiées, bien que
se rapprochant considérablement, dans l'espèce, de simples obligations,
ne sauraient se confondre avec ces dernières ; en effet, elles en diffèrent
essentiellement en ce qu'elles confèrent à leurs titulaires des droits actifs
sur la marche de la société et le choix des gérants, ce qui n'a pas lieu
pour les obligations » (28 mai 1884, D.P. 1886.2.177, aff. Létrange). — Cf.
Paris, 10 janvier 1867, D. P. 1869.2.239 ; 27 juillet 1869, *J. Pal.*, 1870.1.
226 ; Paris, 19 avril 1875, D. 1875.2.161, avec concl. de M. Hémar ; Cass.,
9 juillet 1885, D.1886.1.301 ; *J. Pal.*, 1888.1169 ; Troplong, n°ˢ 642 et 657 ;
Delangle, I, n° 118 ; Delvincourt, III, p. 123 ; Pont, n° 441 ; Dalloz, *Rép.*,
V° *Soc.*, n°ˢ 410, 417, 420, 425, 432 ; Houpin, I, n°ˢ 124 et 125.

n'ont pas une valeur égale à celle des actions ordinaires ; leur valeur est supérieure. D'où il suit que la création de ces titres par une société anonyme serait interdite par l'article 34 [1].

10. *Discussion de l'objection.* — Il n'a pas été bien difficile de démontrer l'inanité de l'objection. Dans la pratique il existe des actions de valeur inégale, par exemple : *a)* les actions de jouissance et les actions de capital ; *b)* les actions qu'une société fondée avec des actions de 25 francs émettra pour augmenter son capital lorsqu'il devient supérieur à 200.000 francs. Cela prouve qu'il n'est pas obligatoire que toutes les actions aient une valeur égale.

Au surplus, n'est-ce pas seulement aux coupons d'actions que s'appliquent les mots : « d'une valeur égale » ? Si l'on admet cette interprétation, qui semble bien être celle de certains auteurs [2], toute difficulté disparaît aussitôt, puisque la loi se borne à constater, dans la première partie de l'article 34, que le capital de la société anonyme se divise en actions, sans formuler par là aucune règle impérative.

Quoi qu'il en soit, il est inutile d'entrer dans la discussion d'une controverse qui n'a plus qu'un intérêt rétrospectif. Disons seulement que tous les auteurs, ou peu s'en faut, et la jurisprudence admettaient, en dépit de l'article 34, la légalité des actions de priorité [3].

11. *État d'incertitude.* — Malgré cette quasi-unanimité, les financiers n'osaient pas tenter l'aventure et ils s'abstenaient systématiquement de créer des actions de priorité, tout en

---

1. V. Dalloz, *Rép.*, V° *Soc.*, n° 1496 ; Bédarride, *Comment. de la loi de 1867*, II, n°s 330 et s. ; Pont, n° 1585.

2. Alauzet, I, art. 34, p. 203 ; Pardessus, IV, p. 247 et 248 ; Thaller, *Dissert.*, D. 1893.1.110.

3. V. Paris, 19 avril 1875, D. 1875.2.161, et concl. de M. Hémar ; 4 avril 1884, *Journ. Soc.*, 1886.336 ; 28 mai 1884, D. 1886.2.177 ; Lyon, 4 mars 1891, *Journ. Soc.*, 1891.343 ; Cass. Florence, 1er février 1884, *Rev. Soc.*, 1884.383 ; Venise, 1er décembre 1884, *Rev. Soc.*, 1885.349 ; Lyon-Caen et Renault, II, n° 558 ; Houpin, I, n° 290 ; *Journ. Soc.*, 1899, p. 97 ; Vavasseur, I, n°s 437, 780 ; Rivière, *Comment. de la loi de 1867*, n° 180 ; Dalloz, *Suppl.*, V° *Soc.*, n°s 859, 860 et 876 ; Buchère, *Ann. de dr. comm.*, 1900, p. 235 ; Rousseau, n° 1112 ; Génevois, *Rev. trim. du nouv. rég. des Soc.*, 1899.7. — Comp. art. 163, C. com. italien ; déclarations de MM. Rouher et de la Roquette au Corps législatif, séances des 4 et 9 juin 1867).

reconnaissant les services indiscutables qu'ils pouvaient attendre de ces titres. On en était réduit à aller en pays étranger fonder les sociétés qui désiraient quand même s'en servir.

. En 1899, deux jurisconsultes également autorisés, MM. Houpin et Génevois, publièrent sur la question deux articles importants dans lesquels ils démontraient, et la légalité certaine des actions de priorité, et les graves inconvénients qu'engendrait l'état de la législation française [1]. Ce sont ces deux articles qui paraissent avoir provoqué le vote de la loi nouvelle.

12. *Vote du projet de loi.* — Le 12 juin 1899, M. Millerand déposait un projet de loi ayant pour but de mettre fin à cette incertitude et d'affirmer la légalité des actions de priorité [2]. En dépit des critiques qu'il avait suscitées [3], le projet, complété par deux dispositions additionnelles, fut adopté sans aucune discussion par les Chambres [4]. Il est devenu la loi du 9 juillet 1902. Le présent commentaire laissera de côté l'article 2 de la loi, qui traite une question étrangère aux actions de priorité [5].

13. *Texte de la loi.* — Voici le texte de la loi du 9 juillet 1902 :

LOI tendant à compléter l'article 34 du Code de commerce et l'article 3 de la loi du 24 juillet 1867 en ce qui concerne les actions de priorité et les actions d'apport.

Art. 1er. — L'article 34 du Code de commerce est ainsi complété :
« Le capital social de la société anonyme se divise en actions et même en coupons d'actions d'une valeur nominale égale.

---

1. V. Houpin, *Journ. Soc.*, 1899, p. 49 et 97 ; Génevois, *Rev. trim. du nouv. rég. des Soc.*, 1899.7.

2. V. étude de M. Houpin, *Journ. Soc.*, 1899.529.

3. V. Buchère, *Ann. de dr. comm.*, 1900, p. 352 ; Wahl, *Journ. Soc.*, 1902.17.

4. Le rapporteur de la commission de la Chambre était M. Chastenet ; celui de la commission du Sénat, M. Th. Girard. La commission d'initiative parlementaire avait choisi comme rapporteur M. Ralberti.

5. V. les commentaires de MM. Génevois ; J. Vavasseur (*Rev. Soc.*, 1902, p. 441) ; Maréchal ; Decugis ; les articles de M. Rousseau dans *La Liberté*, 20 octobre et 17 novembre 1902, et la critique de la loi par M. Wahl, *Journ. Soc.*, 1903.5 et 49.

« Sauf les dispositions contraires des statuts, la société peut créer des actions de priorité, investies du droit de participer avant les autres actions à la répartition des bénéfices ou au partage de l'actif social.

« Sauf dispositions contraires des statuts, les actions de priorité et les autres actions ont, dans les assemblées, un droit de vote égal.

« Dans le cas où la décision de l'assemblée générale comporterait une modification dans les droits respectifs des actions des différentes catégories, il faut, en dehors de l'assemblée générale, convoquer une assemblée spéciale des actionnaires dont les droits ont été modifiés. Cette assemblée spéciale doit délibérer, eu égard au capital représenté par les actions dont il s'agit, dans les conditions de l'article 31 de la loi du 24 juillet 1867 en tant que les statuts ne contiendraient pas d'autres prescriptions. »

Art. 2. — Le paragraphe 3 de l'article 3 de la loi du 24 juillet 1867, modifié par la loi du 1er août 1893, est ainsi complété :

« Ces prescriptions et ces prohibitions ne sont pas applicables au cas de fusion de sociétés anonymes ayant plus de deux ans d'existence, soit par absorption de ces sociétés par l'une d'entre elles, soit par la création d'une société anonyme nouvelle englobant les sociétés préexistantes. »

14. *Plan du commentaire.* — Pour faciliter la lecture, indiquons d'un mot le plan de notre travail.

Section I. — Paragraphe premier de la loi : légalité des actions de priorité (n° 15).

Section II. — Paragraphe deuxième : création des actions de priorité (n°s 16 à 40).

Art. 1er. — Définition et formes diverses des actions de priorité (n°s 16 à 26).

Art. 2. — Droit de création des actions privilégiées (n°s 26 à 39).

§ 1. — Sociétés postérieures au 9 juillet 1902 (n°s 28 et 29).

§ 2. — Sociétés antérieures au 9 juillet 1902 (n°s 30 à 39).

Art. 3. — Sociétés en commandite par actions (n°s 39 et 40).

Section III. — Paragraphe troisième : droit de vote égal (n°s 41 et 42).

Section IV. — Paragraphe quatrième : modification des droits de l'une des catégories d'actions (n°s 43 à 47).

SECTION I

PARAGRAPHE PREMIER DE LA LOI :
LÉGALITÉ DES ACTIONS DE PRIORITÉ.

« Le capital social de la société anonyme se divise en actions et même en coupons d'actions d'une valeur nominale égale. »

15. *Sens du nouvel article 34.* — Cette disposition reproduit l'ancien article 34, en y ajoutant seulement le mot *nominale.* L'addition du mot *social* peut être négligée, comme dénuée de toute importance. Sans rechercher si l'article 34 présente, ou non, un caractère impératif, le législateur décide qu'il ne s'agit en tous cas que de la valeur *nominale* des titres. Par conséquent, du moment que toutes les actions auront la même valeur nominale, le vœu de la loi sera satisfait [1].

Il suit de là que la société pourra attribuer aux actionnaires des droits différents, et notamment qu'elle pourra conférer à certains d'entre eux un privilège, une priorité, par rapport aux autres, voire même des droits différents [2].

Il faut, comme par le passé, admettre une double exception à la règle de l'égalité de valeur nominale des titres : 1° dans le cas où une société constituée à un capital inférieur à 200.000 francs, avec des actions de 25 francs, porte son capital au delà de cette somme ; 2° dans le cas où une société amortit ses actions de numéraire pour les transformer en actions de jouissance.

---

1. *Sic* Génevois, p. 20, B. 1.
2. « Nous vous demandons, disait l'exposé des motifs, de consacrer l'opinion quasi-unanime de la doctrine et de la jurisprudence, qui tient pour légale la création d'actions de priorité, en modifiant le seul texte dont la rédaction puisse prêter à équivoque. Il n'est pas porté atteinte bien entendu à la règle salutaire qui veut que les actions ou coupons d'actions soient de valeur nominale égale. » On voit que le législateur a négligé complètement l'objection que l'on tirait de l'article 1855 du Code civil contre la légalité des actions de priorité.

SECTION II

PARAGRAPHE DEUXIÈME DE LA LOI :
CRÉATION DES ACTIONS DE PRIORITÉ.

« *Sauf les dispositions contraires des statuts, la société peut*
« *créer des actions de priorité, investies du droit de participer*
« *avant les autres actions à la répartition des bénéfices ou au*
« *partage de l'actif social.* »

16. *Double proposition.* — Cette formule contient plusieurs
propositions. Elle indique, d'une part, que la société (anonyme) peut créer des actions de priorité, sauf disposition
contraire des statuts. Elle donne, d'autre part, une sorte de
définition de l'action de priorité. Nous examinerons successivement ces deux propositions, en commençant par la seconde.

ARTICLE 1ᵉʳ. — **Définition et formes diverses.**

§ 1. — *Définition.*

17. — D'après le texte, les actions de priorité sont « inves-
« ties du droit de participer avant les autres actions à la répar-
« tition des bénéfices ou au partage de l'actif social ». A s'en
tenir au sens littéral des mots, notamment du mot : *ou*, il
semblerait que l'action de priorité ne puisse pas cumuler ces
deux prérogatives et qu'elle n'en comporte qu'une seule, au
gré des fondateurs de la société ou des actionnaires qui les
créent.

Mais on aurait tort d'interpréter ainsi la loi. Le législateur
n'a pas voulu faire autre chose que d'affirmer par ce paragraphe la légalité des actions de priorité. Ce serait lui prêter une
intention qu'il n'a pas eue que de dire qu'il n'a admis qu'une
seule préférence, soit pour le partage des bénéfices, soit pour

le partage de l'actif social, à l'exclusion l'une de l'autre [1].

18. *Opinion contraire.* — Un auteur soutient qu'en tous cas l'assemblée générale ne peut pas donner aux actions de priorité créées pendant le cours de la société autre chose qu'une *priorité*, et que leurs droits ne doivent pas être supérieurs à ceux des actions ordinaires [2]. Cette opinion isolée ne saurait être admise. Il serait bizarre que le législateur, tout en reconnaissant la nécessité de propager en France l'emploi des actions de priorité, telles qu'elles existent à l'étranger, où elles rendent, de son propre aveu, les plus grands services, ait limité, sans aucune nécessité et contre l'intérêt général, les avantages qui pourraient leur être concédés dans notre pays. Rien dans la loi ni dans les travaux préparatoires n'autorise cette interprétation restrictive.

Au surplus, la jurisprudence antérieure admettait la légalité des actions de priorité, aussi étendues que les parties les concevaient [3]. Pourquoi le législateur se serait-il montré moins libéral et aurait il fait un pas en arrière ?

§ 2. — *Formes diverses.*

19. *Diverses formes des actions de priorité.* — Ces actions peuvent revêtir toutes les formes qu'il plaira aux parties de leur donner. Une seule réserve doit être posée ; elles seraient nulles si on leur attribuait tous les bénéfices, directement ou indirectement, ou bien si on les dispensait de contribuer aux pertes, même d'une manière détournée.

20. *Double privilège.* — D'ordinaire l'action privilégiée com-

---

1. Cela résulte clairement des travaux préparatoires, et notamment de l'exposé des motifs de M. Millerand.

2. Wahl, *Journ. Soc.*, 1902, p. 105 et 1903, p. 10. — Il invoque deux arguments que nous considérons comme également faux : 1° le pouvoir accordé à l'assemblée générale dérogeant au droit commun, l'interprétation restrictive s'impose ; 2° la loi elle-même défend à l'assemblée de donner aux uns un droit de vote supérieur à celui des autres ; donc ils ne peuvent avoir des droits différents.

3. Paris, 10 janvier 1867, D.1869.2.239. — Tous les commentateurs partagent notre opinion. V. Decugis, p. 27, et Génevois, p. 21. — *Adde :* Houpin, *Etude, Journ. Soc.*, 1899.49 ; Dalloz, *Suppl. au Rép.*, V° *Soc.*, n° 877.

2

porte un droit de préférence et pour la répartition des bénéfices et pour le partage de l'actif social. Avant tout partage des bénéfices, on prélève une somme suffisante pour servir aux actions de priorité un premier dividende fixe (5 ou 6 0/0), qu'on appelle souvent, à tort d'ailleurs, un intérêt. On attribue ensuite aux autres actionnaires un dividende égal. Le surplus des bénéfices est réparti également entre tous [1]. De même, au moment de la liquidation, on commence par rembourser es mises des actionnaires privilégiés. Les autres sont remboursées ensuite, et le surplus de l'actif, soit le bénéfice de liquidation, est partagé également entre tous [2].

Quelquefois le privilège accordé aux actions de priorité est encore plus large. On stipule, par exemple, que l'on consacrera les bénéfices des premiers exercices exclusivement au service des « intérêts » dus aux actions privilégiées et au remboursement ou au rachat de ces titres. Dans le premier cas, les actions privilégiées seront remplacées par des actions de jouissance. Dans le second cas, on procédera par voie de réduction de capital [3].

21. *Privilège unique. Priorité temporaire.* — Il peut arriver, au contraire, que l'on n'accorde une préférence aux actions de priorité que pour la répartition des bénéfices [4] ou pour

---

1. M. Decugis (p. 26) indique qu'on peut aussi attribuer aux actions privilégiées, outre un dividende fixe, un tantième des bénéfices. Ce procédé est peu usité.

2. Les rédacteurs de statuts devront avoir soin de réglementer minutieusement le partage de ce bénéfice de liquidation, et de prévoir le cas de dissolution anticipée (V. à ce sujet Venise, 1er déc. 1884, *Rev. Soc.*, 1885.349.

3. V. Paris, 28 mai 1884, D. P. 1886.1.301 (no 8, en note), avec note de M. Levillain ; Florence, 1er février 1884, *Rev. Soc.*, 1884.383.

4. C'est la forme qui a été adoptée par la Cie des Messageries Maritimes. Voici le texte de l'article qui réglementait les actions de priorité qu'on devait créer :

« Les actions de priorité donneront droit, après leur libération intégrale, à un premier dividende de 5 % de leur valeur nominale, à prélever avant tout partage sur les bénéfices disponibles de chaque exercice. Il sera attribué aux actions anciennes sur le surplus de ces bénéfices un dividende de 5 %. Le solde des bénéfices sera réparti ensuite entre toutes les actions proportionnellement et sans préférence.

« Les droits attachés aux actions, tant ordinaires que de priorité, seront identiques à tous autres égards, et, lors de la liquidation de la société, l'actif net sera partagé entre elles sans distinction. »

le partage de l'actif social exclusivement. Quelquefois même
la priorité pour le partage des bénéfices est temporaire ; elle
doit disparaître dès que l'entreprise aura donné de légitimes
espérances de succès par la distribution de plusieurs dividendes successifs.

22. *Dividende fixe*. — D'autres fois la préférence consiste
en ce qu'on leur assure un dividende fixe, tout le surplus des
bénéfices étant réservé aux actions ordinaires. Les actions
privilégiées recevront ainsi 4, 5, 6 0/0 de leur mise sociale, et
rien de plus. Ce pourrait être également le cinquième, le
quart des bénéfices, mais c'est plus rare.

Toutefois il ne faudrait pas que ce dividende fixe soit assez
élevé pour absorber à peu près la totalité des bénéfices sociaux. Dans ce cas l'article 1855 du Code civil serait violé,
car tous les actionnaires n'auraient pas droit en réalité à une
part des bénéfices [1].

22 *bis*. *Actions cumulatives*. — On peut stipuler que, si les
bénéfices d'un exercice ne sont pas suffisants pour assurer le
paiement du dividende fixe promis, le surplus devra être
prélevé sur les premiers bénéfices des exercices suivants. Ce
sont les *actions cumulatives*. Elles sont fort utiles, car elles
mettent leurs propriétaires à l'abri des tentatives qui pourraient être faites par les administrateurs pour dissimuler une
part des bénéfices et leur faire tort d'autant [2].

Cette combinaison est certainement légale, quoi qu'en dise
M. Génevois [3], ainsi qu'il résulte de ce qui va suivre.

1. V. Paris, 28 mai 1884, *suprà*, n° 8.
2. Voici un modèle de formule relative à cette stipulation : « Si les
bénéfices d'un exercice étaient insuffisants pour distribuer aux actions de
la première série dite de priorité un dividende de X... 0/0, la somme nécessaire pour compléter ce dividende sera prélevée, avant toute distribution, sur les bénéfices du ou des exercices subséquents ; ce droit de
suite et d'antériorité n'appartiendra qu'aux actions de priorité. » On
peut augmenter et fortifier les avantages faits aux porteurs de ces titres
1° en stipulant que, dans le cas de dissolution anticipée, ils seront rem-
boursés des dividendes arriérés sur le bénéfice de liquidation, s'il y a
lieu ; 2° en leur réservant la nomination d'un ou plusieurs administrateurs.
3. M. Génevois (p. 23) estime que, pour l'admettre, il faudrait que
le dividende soit un intérêt et qu'on puisse affranchir certaines actions
de toute contribution aux pertes.

23. *Dividende fixe même en l'absence de bénéfices.* — Peut-on stipuler que cet « intérêt », c'est-à-dire que ce dividende fixe sera dû aux actions privilégiées même en l'absence de tout bénéfice ? Il y a controverse sur ce point.

Le premier système reconnaît qu'il est licite de stipuler dans les statuts que les actionnaires recevront l'intérêt de leur mise, même en l'absence de bénéfices, à titre de charge sociale. Cette clause est valable, à la condition, au moins d'après la doctrine et une partie de la jurisprudence, d'avoir été publiée [1]. Mais, dit-il, une semblable stipulation, qui se comprend lorsqu'elle profite à tous les actionnaires, ne se conçoit plus quand il s'agit d'assurer un pareil avantage à quelques-uns d'entre eux seulement. En définitive, cet intérêt n'est pas autre chose qu'un dividende. Or on ne saurait parler de dividende qu'autant qu'il existe des bénéfices. En faisant une stipulation de cette nature, on viole l'article 1855 du Code civil [2].

Le second système ne croit pas que l'article 1855 prohibe cette stipulation. A-t-elle pour effet d'attribuer la totalité des bénéfices à quelques-uns des actionnaires, au détriment des autres ? Non, car il s'agit moins de répartir des bénéfices que d'assurer aux capitalistes qui ont apporté leur concours financier à la société la rémunération de leur argent. Lors même que cette clause n'existerait pas, il serait possible en fait que tous les bénéfices leur fussent attribués, sans que pourtant la clause fût nulle. Il suffit, pour qu'il en soit ainsi, que le chiffre des bénéfices ne dépasse pas le montant des intérêts dus au capital nouveau. D'un autre côté, la clause a-t-elle pour effet de soustraire les actionnaires privilégiés à toute contribution aux pertes ? Pas davantage. C'est au moment du partage de l'actif que les actionnaires contribuent aux pertes, en ce sens qu'ils ne peuvent point, lorsque le capital social a

1. V. Houpin, I, n° 726, et Thaller, *Dissertation*, D. 1900.1.369, avec toutes les indications données en note. — *Adde* : Rouen, 15 juin 1882 et Paris, 5 décembre 1882, S.1883.2.92, *J. Pal.*, 1883.1.562 ; Cass., 7 mai 1878 *J. Pal.*, 1880.243, S. 1880.1.107.
2. *Sic*, Génevois, p. 23-24.

été entamé, retirer la totalité de leurs mises. Il est certain que l'attribution d'un intérêt dû dans tous les cas et payable même sur le capital social ne dispense pas les actions privilégiées de cette contribution. En conséquence, il faut conclure que cette stipulation n'est nullement contraire à l'article 1855. Partant elle est licite. D'ailleurs, si on l'admet au profit des souscripteurs d'actions en numéraire vis-à-vis des apporteurs en nature, pourquoi ne l'admettrait-on pas aussi au profit des actionnaires privilégiés [1]?

24. *Intérêt cumulatif.*— A plus forte raison pourrait-on stipuler qu'en cas d'insuffisance des bénéfices d'un exercice pour servir aux actions privilégiées l'intérêt convenu, le surplus sera reporté à l'exercice suivant [2].

25. *Liberté complète.* — En résumé les parties ont le droit de concéder aux actions privilégiées toute sorte d'avantages, à la seule condition de respecter l'article 1855 du Code civil, c'est-à-dire de ne pas leur attribuer d'une manière détournée la totalité des bénéfices, et de ne pas les dispenser de toute contribution aux pertes [3].

Article 2. — **Droit de création des actions privilégiées.**

26. *Mode de création.* — L'autre proposition contenue dans le second paragraphe de la loi est la suivante : « Sauf disposition contraire des statuts, la société peut créer des actions de priorité. » Elle apparaît comme la conséquence du paragraphe précédent. La loi vient de supprimer l'obstacle qui, dans la pratique, s'était jusque-là opposé à la création et

1. *Sic*, Rousseau, *loc. cit.* ; Decugis, p. 32.
2. *Contrà*, Génevois, p.23. — M. Génevois (p. 22) se demande si la société conserve, malgré la présence d'actions privilégiées, le droit de ne pas distribuer tous ses bénéfices. Il n'est pas douteux que l'existence de titres de ce genre ne modifie nullement les pouvoirs de l'assemblée générale, lesquels d'ailleurs sont assez controversés. Les actionnaires privilégiés sont, en tant qu'actionnaires, tenus de s'incliner devant les résolutions de l'assemblée à ce point de vue comme à tous autres, à la différence des porteurs de parts de fondateur (V. notre *Traité des parts de fondateur*, n° 224).
3. *Sic*, Rousseau et Decugis. — *Adde :* Houpin, *Etude, Journ. Soc.*, 1899.49.

à l'expansion de ces titres ; leur légalité ne saurait plus être douteuse. Par conséquent la société pourra en créer, à moins que les statuts le lui interdisent.

27. *Sens exact de cette disposition.* — Mais le sens de cette disposition donne lieu à une difficulté. Que doit-on entendre par les mots : « la société » ? Cela veut-il dire : l'unanimité des actionnaires, ou simplement : l'assemblée générale des actionnaires ? La question ne se pose qu'autant que la société a déjà commencé de vivre et que d'ailleurs les statuts n'interdisent pas l'émission des actions de priorité. Pour la comprendre, il faut se rappeler que, avant la loi du 9 juillet 1902, il existait une controverse sur le point de savoir si l'assemblée générale extraordinaire avait le droit de créer des actions de priorité, ou si ces titres ne pouvaient être émis qu'avec le consentement de tous les actionnaires. Elle doit être examinée successivement pour les sociétés postérieures et pour les sociétés antérieures à la nouvelle loi.

§ 1. — Sociétés postérieures à la promulgation
de la loi.

28. *Premier système : L'unanimité des actionnaires est nécessaire.* — Le premier système soutient que la loi du 9 juillet 1902 n'a eu pour but que d'effacer les incertitudes qui régnaient dans les esprits concernant le sens de l'article 34. Elle a consacré l'interprétation qui l'appliquait seulement à la valeur *nominale* des actions. Pour le surplus, il n'y a rien de changé. Par conséquent la question formulée plus haut doit être résolue d'après les principes. L'assemblée générale n'a pas le pouvoir de modifier les stipulations essentielles des statuts ; elle doit respecter les bases constitutives de la société. Or la clause relative à la répartition des bénéfices est la plus importante de toutes, puisque les actionnaires ne sont entrés dans la société que pour s'en partager les produits. Comme la création d'actions de priorité aurait pour conséquence de modifier gravement la répartition, telle que les statuts l'ont réglementée, il faut en conclure qu'elle ne peut être valablement décidée que par l'unanimité des actionnaires. Une délibération de l'assemblée générale extraordinaire serait nulle et de nul effet [1].

Cette opinion peut invoquer le silence même de la loi, qui n'a pas donné expressément à l'assemblée générale un semblable pouvoir. Le texte est d'une absolue simplicité ; il se borne à ajouter un mot à l'ancien article 34 pour en préciser le sens, conformément à l'interprétation la plus répandue [2]. Le deuxième paragraphe réserve aux fondateurs de la société le droit d'interdire par une clause des statuts la création d'actions de priorité. Quant au prétendu pouvoir nouveau de l'assemblée générale, la loi n'en a pas parlé. Il est donc impossible de suppléer à son silence et de reconnaître à l'assemblée générale un droit que le législateur ne lui a pas donné.

29. *Deuxième système : Il suffit d'un vote de l'assemblée générale extraordinaire.* — Nous croyons, avec la plupart des commentateurs, que le second système est plus exact. La loi dit : « la société ». Or l'organe essentiel de la société, c'est l'assemblée générale. C'est elle qui représente l'être moral, l'être immatériel et impalpable qu'on appelle la société ; c'est par elle que celle-ci se dirige, agit, s'engage. Par contre, on n'a jamais entendu par ces deux mots l'unanimité des actionnaires. Tout acte, toute modification qui devraient être décidé ou votée par cette unanimité seraient à bon droit considérés d'avance comme radicalement impossibles.

D'ailleurs, si la loi avait entendu parler de l'unanimité des actionnaires, il n'aurait pas été utile de réserver le cas d'une disposition contraire des statuts, que l'unanimité des actionnaires peut toujours modifier.

Au surplus, les travaux préparatoires laissent comprendre d'une manière nullement équivoque que c'est à l'assemblée

---

1. *Sic* Hémar, concl. sous Paris, 19 avril 1875, D. 1875.2.161.
2. Les travaux préparatoires démontreraient aussi, dit-on, qu'on n'a pas voulu faire autre chose que d'affirmer la légalité des actions de priorité (V. exp. des mot. et les rapports, *passim*).

générale extraordinaire qu'on a confié le soin de créer les actions de priorité [1].

Enfin l'on peut se demander quelle serait l'utilité pratique de la loi, si elle avait soumis à cette condition irréalisable l'émission de ces titres. Assurément le législateur eût mieux fait de s'expliquer d'une manière explicite sur ce point, mais son intention apparaît très nettement. Quant à l'objection tirée de la modification des droits des actionnaires d'origine, elle ne l'a pas arrêté un instant, puisqu'il permet expressément à l'assemblée générale, après la création des actions de priorité, de modifier les droits de l'une ou de l'autre des deux catégories d'actionnaires (V. art. 1er, § 4) [2].

§ 2. — *Sociétés constituées avant la loi du 9 juillet 1902.*

30. *Question controversée.* — La loi nouvelle s'applique-t-elle à ces sociétés ? C'est ici la question la plus importante de celles que soulève l'interprétation de cette loi. Nous adoptons l'affirmative [3]. Toutefois il convient de dire immédiatement que le Tribunal de commerce de la Seine s'est prononcé dans le sens de la négative [4], et que, d'autre part, un projet de loi

---

1. Voir rapports de MM. Chastenet et Girard.

2. *Sic* Maréchal, Vavasseur et Decugis, *loc. cit.* ; Rousseau, *La Liberté* du 20 octobre 1902 ; Wahl, *Obs.*, *Journ. Soc.*, 1902, p. 97.

3. Cf. Génevois et Decugis.

4. « Le Tribunal : — Attendu que l'assemblée générale des actionnaires de la Compagnie des Messageries maritimes, tenue le 25 octobre 1902, a décidé d'apporter diverses modifications aux statuts sociaux ; que notamment elle a pris une résolution tendant : 1o à spécifier dans l'article 1er des statuts que la Compagnie des Messageries maritimes serait désormais une Société anonyme régie, non plus seulement par les lois du 24 juillet 1867 et 1er août 1893, mais encore par la loi du 9 juillet 1902 sur les actions de priorité ; 2o à donner dans l'article 5 des statuts au conseil d'administration le droit d'augmenter le capital en émettant, non seulement des actions de capital, mais aussi des actions de priorité ; 3o à déterminer dans l'article 6 des statuts les avantages particuliers attachés auxdites actions de priorité au cas où elles seraient créées ; attendu que de Neufville, actionnaire de la Compagnie des Messageries maritimes, critique les résolutions de cette assemblée ; qu'il prétend que, les lois n'ayant point d'effet rétroactif, la Compagnie des Messageries maritimes constituée antérieurement à la mise en vigueur de la loi du 9 juillet 1902, ne saurait se prévaloir des dispositions de ladite loi, lesquelles sont susceptibles de porter atteinte aux droits antérieurement acquis aux anciens actionnaires ; que c'est dans ces conditions qu'il demande

a été tout récemment déposé au Sénat dans le but d'affirmer expressément l'effet rétroactif de la loi. Ainsi la controverse actuelle n'aura qu'une courte durée. Quoi qu'il en soit, il

au tribunal de déclarer nulles et non avenues les délibérations de l'assemblée du 25 octobre 1902, en tant qu'elles ont entendu placer la Compagnie des Messageries maritimes sous l'empire de la loi du 9 juillet 1902, relativement au droit de créer des actions de priorité ;

Attendu que, pour résister à la demande de de Neufville, la compagnie défenderesse soutient que, s'il est vrai que l'article 2 du Code civil spécifie que la loi ne dispose que pour l'avenir et n'a pas d'effet rétroactif, il serait de jurisprudence que le principe de cet article cesse de recevoir application lorsque la loi nouvelle ne fait qu'interpréter l'ancienne dans le but d'éclairer les règles contenues dans cette dernière loi ; que la loi serait interprétative lorsqu'il résulte des travaux préparatoires que le législateur n'a pas eu d'autre but que d'interpréter la loi ancienne ou lorsqu'il a lui-même qualifié la nouvelle loi de loi interprétative ; que dans l'espèce il n'existerait aucun doute sur l'intention du législateur d'interpréter l'article 34 du Code de commerce ; que la preuve en résulterait non seulement des travaux préparatoires et de l'opinion du rapporteur au Sénat, mais aussi du texte même de la loi ainsi conçu : « L'article 34 du Code de commerce est ainsi complété... » ; qu'en semblable circonstance il ne saurait être question de violation de droit acquis ; qu'en effet, il n'existerait de droit acquis en vertu de la loi en faveur des anciens actionnaires qu'autant que ces droits résultent de l'interprétation réelle qu'il convient de donner à la loi ; que le législateur ayant spécifié que l'article 34 du Code de commerce devait être interprété en ce sens que sauf dispositions contraires des statuts, il n'existerait aucun obstacle juridique à ce qu'il fût créé, soit à la constitution, soit au cours du fonctionnement des sociétés, des actions de priorité, les actionnaires, par ce fait seul qu'ils n'ont pas fait insérer, dans les statuts auxquels ils ont expressément adhéré, une clause interdisant formellement la création d'actions de priorité, se trouveraient n'avoir jamais eu, de par la volonté interprétative du législateur, aucun droit acquis de nature à faire obstacle à la création de pareilles actions ; que dans ces conditions l'article 2 du Code civil ne mettrait pas obstacle à ce que la loi interprétative du 9 juillet 1902, qui a complété les dispositions de l'article 34 du Code de commerce, reçoive son application en ce qui concerne les sociétés existantes ; qu'en conséquence les actionnaires de la Compagnie des Messageries maritimes, alors que les statuts de ladite société ne contiennent aucune interdiction sur ce point, auraient pu valablement autoriser la création d'actions de priorité prévue par la loi du 9 juillet 1902 : que, dans ces conditions, la résolution de l'assemblée serait à l'abri de toute critique et que de Neufville ne serait point fondé à en demander la nullité ;

Mais attendu qu'aux termes de l'article 2 du Code civil, la loi ne dispose que pour l'avenir et qu'elle n'a pas d'effet rétroactif ; que, pour faire exception à cette règle absolue, il faut que le législateur ait formellement exprimé dans le texte de la loi elle-même sa volonté de donner à la loi un effet rétroactif ; attendu que cette volonté n'est point expressément formulée dans la loi du 9 juillet 1902 ; attendu que les travaux et discussions préparatoires, utiles à consulter lorsqu'il s'agit du sens exact d'un article obscur et controversé, n'ont pas le pouvoir de rendre rétroactive une loi qui n'affirme pas ce caractère ; que, s'il est vrai que

importe de la résoudre. A cet effet, il est indispensable de rappeler brièvement quelques principes généraux.

31. *Rétroactivité des lois.* — MM. Aubry et Rau posent

le rapporteur au Sénat de ladite loi a déclaré « que, bien que le texte voté par la Chambre des députés soit muet à cet égard, il faut admettre que la loi s'appliquera aux sociétés existantes, car elle doit être considérée comme introduisant, non un droit nouveau, mais comme ayant un caractère interprétatif dont elle produit les effets »; cette opinion du rapporteur ne saurait suppléer à l'absence d'un texte précis ; attendu d'autre part que, s'il est encore exact que la jurisprudence admet aussi un tempérament à la règle absolue de la non-rétroactivité des lois en ce qui concerne les lois interprétatives,c'est à la condition que ces lois interprétatives ne portent point atteinte aux droits acquis au moment de leur promulgation, mais qu'elles sont inopérantes et cessent d'avoir un effet rétroactif lorsqu'elles doivent avoir pour résultat de faire échec aux droits déjà nés lorsqu'elles apparaissent ;

Attendu que, dans les statuts de la Société des Messageries maritimes, les conditions de répartition des bénéfices ont été déterminées sous l'empire de la loi en vigueur à la date où la société a été constituée ; que les statuts n'ont pas prévu la création d'actions de priorité au cours de l'existence de la société et qu'aux termes d'une jurisprudence constante il n'en pouvait être créé qu'avec le consentement de tous les actionnaires sans exception ; que chacun des actionnaires a donc acquis un droit intangible à ce que la répartition des bénéfices soit et reste telle que l'a prévue l'acte contractuel et qu'on ne peut rétroactivement porter atteinte à ce droit par voie d'interprétation ; attendu qu'il n'est point douteux que la création d'actions de priorité ayant en l'espèce droit à un intérêt de 5 0/0 par préférence aux anciens actionnaires porte une atteinte aux droits des actions anciennes ; qu'il s'ensuit que la loi du 9 juillet 1902, en admettant qu'elle ne soit autre chose qu'une loi purement interprétative de l'article 34 du Code de commerce, ce qui est fort contestable, n'a pu avoir pour effet de permettre aux actionnaires de la Compagnie des Messageries maritimes de créer des actions de priorité au détriment des actionnaires anciens ;

Attendu d'ailleurs et au surplus que cette faculté de créer des actions de priorité n'a été accordée par la loi de juillet 1902 que « sauf dispositions contraires aux statuts » ; attendu qu'aux termes de l'article 6 des statuts de la Compagnie des Messageries maritimes « chaque action confère un droit dans la propriété de l'actif social et dans les bénéfices de l'entreprise proportionnel au nombre des actions émises » ; qu'il est constant que ce droit ne sera plus proportionnel si la Société émet des actions de priorité avec un droit de préférence attaché auxdites actions pour le prélèvement des bénéfices ; que cette disposition des statuts constitue donc la « disposition contraire des statuts » prévue à la loi du 9 juillet 1902 et suffit à elle seule à prohiber la création d'actions de priorité ; qu'ainsi, même avec la loi de juillet 1902, la Compagnie des Messageries maritimes n'avait pas le droit de faire décider par ses actionnaires la création d'actions de priorité, par cette raison que les dispositions de ses statuts sont contraires ; que, pour être valable, cette décision aurait dû être prise à l'unanimité des actionnaires ; et attendu qu'il n'est point contesté que cette unanimité n'a point été obtenue à l'assemblée du 25 octobre 1902 ; qu'il échet en conséquence d'annuler la délibération

comme suit les règles de la matière : « En principe toute loi
nouvelle s'applique même aux situations ou rapports juridiques établis ou formés dès avant sa promulgation. Ce principe
est une conséquence de la souveraineté de la loi et de la pré-
dominance de l'intérêt public sur les intérêts privés. Toutefois ce principe doit faire place à la règle contraire de la
non-rétroactivité des lois dans les cas où son application
serait de nature à entraîner la lésion de droits que des particuliers auraient individuellement acquis, en ce qui concerne
leur état ou leur patrimoine [1]. » On exprime couramment
cette idée en disant que les lois nouvelles ne doivent pas
porter atteinte aux droits acquis.

Au surplus, « le législateur a incontestablement le pouvoir
d'attacher un effet rétroactif à des lois auxquelles s'applique-
rait sans cela la règle de la non-rétroactivité... Seulement il
ne doit faire usage de ce pouvoir que pour des causes ma-
jeures d'intérêt public et avec tous les ménagements que
comporte l'équité [2] ».

Ainsi la rétroactivité est la règle, malgré les termes de l'article 2 du Code civil [3] ; mais la non-rétroactivité devient
elle-même la règle lorsque des droits acquis seraient lésés par
l'application de la loi à toutes les relations juridiques déjà
créées, à moins que le législateur ait voulu quand même donner à la loi un effet rétroactif.

de l'assemblée ;... Par ces motifs : Déclare nulles et non avenues les
délibérations de l'assemblée générale des actionnaires de la Compagnie
des Messageries maritimes tenue le 25 octobre 1902, en tant que : 1° elles
ont entendu faire bénéficier la Compagnie des Messageries maritimes de
l'application de la loi du 9 juillet 1902 ; 2° elles ont autorisé le conseil
d'administration à émettre dans les termes de ladite loi des actions de
priorité ; 3° elles ont déterminé les avantages qui pourraient être attachés
auxdites actions de priorité au cas où elles seraient créées ; condamne la
Compagnie défenderesse aux dépens. »
Trib. comm. Seine, 10 décembre 1902, M. *Vaury*, prés. ; Mes *Richar-
dière* et *Massin*, agréés.
1. 5° éd., I, p.99 et 100 ; — V. aussi Lyon-Caen, *Dissert.*, S. 96.1.257 ;
Laurent, I, n° 167 ; Baudry-Lacantinerie et Fourcade, *Tr. des pers.*, I,
441 ; Cass., 29 août 1865, S. 1865.1.433.
2. Aubry et Rau, *ibid.* — Cf. Laurent, I, 145 et 147 ; Cass., 25 févr. 1883,
D. 1884.2.215 ; Cass., 20 octobre 1891, S. 1891.1.505 ; *J. Pal.*, 1891.1.246.
3. C'est ce que paraissent avoir oublié certains commentateurs de la
loi nouvelle.

Qu'est-ce donc qu'un « droit acquis » ? « C'est le droit bien et dûment devenu nôtre, dont nous sommes investis, appropriés, qu'un tiers ne pourrait pas nous enlever [1]. » Par contre, de faibles attentes, de vagues expectatives ne constituent pas des droits acquis ; si la loi nouvelle les détruit, il n'en résulte aucune lésion, aucun froissement réel, sérieux, d'un intérêt privé [2].

Il suit de là qu'un droit acquis doit nécessairement reposer sur une loi dont le sens soit certain. Aucun droit acquis ne peut s'appuyer légitimement sur l'interprétation d'une loi dont la signification donne lieu à une hésitation, à un doute. Lors même que la jurisprudence serait unanime dans un certain sens, ne peut-elle pas changer demain ? Sur cette jurisprudence on n'a pu fonder que des expectatives, qui étaient toujours exposées à la ruine ; elle ne saurait créer des droits acquis [3].

32. *Effet rétroactif des lois interprétatives*. — Ces notions entraînent la conséquence suivante : les lois interprétatives ne peuvent point léser des droits acquis, puisque la loi précédente était obscure et que son sens faisait l'objet d'une controverse.

« Les lois interprétatives, disent les mêmes auteurs [4], ne peuvent rationnellement donner lieu à la question de savoir si elles doivent ou non s'appliquer aux situations établies et aux rapports formés avant leur promulgation. Comme elles ont pour objet de déterminer le sens des lois antérieures, elles forment corps avec ces dernières, et *ne sont point à considérer comme des lois nouvelles dans le sens de notre matière*. »

1. Demolombe, *Appl. des lois*, I, 42. — La Cour de Grenoble parle des droits *définitivement* entrés dans le patrimoine (6 juillet 1882, *J. Pal.*, 1884.1.1121 ; S. 1884.2.209).

2. V. Demolombe, *ibid.* — Comp. Labbé, sous Dijon, 24 avril 1885, *J. Pal.*, 1886.1.79.

3. C'est l'idée qu'exprime la Cour de cassation en parlant de droits *légalement* acquis. V. Cass., 7 juin 1901, *J. Pal.*, 1902.1.513.

4. Aubry et Rau, *ibid.*, p. 101. — Cf. Pic, *Dissertations*, D. 1898.2. 480 ; Demolombe, *ibid.*, p. 78 ; Grenoble, 31 octobre 1899, S.1900.2.96 ; Aix, 7 avril 1902, S. 1902.2.240.

33. *Signes caractéristiques de la loi interprétative.* — A quels signes reconnaîtra-t-on une loi interprétative ? A moins d'une indication expresse, on doit rechercher quel était l'état de la question avant l'intervention du législateur et ce qu'il a voulu faire. La loi était-elle obscure ? Existait-il une controverse, une hésitation sur le sens qu'il convenait de lui attribuer ? Si oui, on considérera comme interprétative la loi qui est venue mettre un terme à ces incertitudes. Au contraire, la loi aura innové lorsqu'aucune controverse n'existait sur la portée de la loi antérieure et que nul besoin ne se faisait sentir d'une loi interprétative. Tout dépend donc de l'intention du législateur, qui ne s'en explique qu'assez rarement d'une manière expresse.

34. *La loi du 9 juillet* 1902 *est-elle une loi interprétative ?* — Nous le croyons fermement, malgré l'avis contraire de plusieurs auteurs [1]. Le législateur a voulu supprimer l'incertitude fâcheuse qui se prolongeait au sujet de la légalité des actions de priorité. Cette intention résulte expressément de l'exposé des motifs de M. Millerand et des rapports de MM. Raiberti, Chastenet et Girard [2]. Même ce dernier rapporteur s'est prononcé nettement dans le sens de la rétroactivité de la loi nouvelle [3].

D'autre part, le texte de la loi est favorable à cette opinion. Le préambule déclare nettement qu'elle « complète » l'article 34 du Code civil (V. *suprà*, n° 13). Or, M. Génevois, qui paraît renseigné sur les secrets des travaux préparatoires, nous apprend que ce mot a été substitué au mot « modifier » précisément dans le but d'écarter toute idée d'innovation [4].

---

1. V. Vavasseur, *Rev. Soc.*, 1902.441 ; Maréchal ; Rousseau, *La Liberté* du 17 novembre 1902 ; Dreyfus, *Cote de la Bourse et de la Banque*, 3 décembre 1902 ; Wahl, *Observations, Journ. Soc.*, 1902.97.

2. Ils déclarent à l'envi qu'on a voulu « faire cesser les doutes » sur la question. V. *passim*.

3. « Bien que le texte voté par la Chambre des députés soit muet à cet égard, il faut admettre que la loi s'appliquera aux sociétés existantes, car elle doit être considérée, non comme introduisant un droit nouveau, mais comme ayant un caractère interprétatif dont elle produit les effets ». Il est certain que le législateur n'a pas besoin de dire expressément que la loi par laquelle il a entendu interpréter la législation antérieure est nterprétative.

4. V. *Commentaire*, p. 25.

Le système de la non-rétroactivité enlèverait d'ailleurs à la loi presque toute son utilité. Les actions de priorité doivent, dans l'esprit du législateur, servir principalement à relever les sociétés dont la situation financière était ébranlée et qui ne pouvaient se procurer de ressources par un autre moyen[1]. La faculté, désormais certaine, de créer des titres de ce genre constitue donc un notable progrès économique. Il importe, au plus haut point que les sociétés existantes puissent y avoir recours. Or on leur dénie ce droit, de telle sorte que la loi nouvelle restera inutile pour elles pendant tout le surplus de leur durée, c'est-à-dire peut-être pendant 30, 40, 50 ans encore. Le bon sens ne proteste-t-il pas contre cette interprétation ? N'apparaît-il pas qu'elle ferait manquer son but à la loi ? De telle sorte qu'on peut difficilement l'admettre, malgré que le législateur ne se soit pas expliqué catégoriquement sur ce point[2].

35. *Système contraire. — Premier argument : la loi a innové.* — On conteste cependant que tel soit le caractère de la loi nouvelle ; ou plutôt, disent certains auteurs, elle est à la fois une loi interprétative — sur la question de la légalité — et une loi innovatrice, sur la question de l'autorité compétente pour émettre des actions de priorité. Auparavant, une juris-

---

1. Cela résulte des travaux préparatoires. V. *passim.*

2. Les sociétés antérieures auraient au surplus un moyen de tourner la difficulté ; elles se mettraient en liquidation pour se reconstituer immédiatement. Mais ce serait là un procédé dispendieux. Nous nous faisons un devoir de dire que l'argument tiré de l'intention du législateur et de la nécessité économique d'une application immédiate de la loi a été développé dans la lumineuse consultation que M. Thaller a donnée à propos du procès de la Compagnie des *Messageries maritimes.* Ce sont aussi les idées de M. Girard (V. *Liberté* du 10 novembre 1902). On aurait tort de tirer argument en sens contraire, soit de la décision prise par la commission extra-parlementaire (chargée de préparer un projet de loi sur les sociétés) d'affirmer cette rétroactivité, soit du dépôt d'un récent projet de loi dans le même but. Cela ne signifie pas qu'on a considéré que la loi ne doit pas s'appliquer aux sociétés existantes. On a voulu simplement mettre fin rapidement à la controverse actuelle, qui est très fâcheuse. L'arrêt du 19 février 1897 de la Cour de Paris ne peut fournir non plus d'argument. S'il a admis la non-rétroactivité de la loi du 1er août 1893, peu importe, car la situation n'est pas la même. D'ailleurs il a été très critiqué, notamment par M. Lacour (D. P. 1898.2.153), et par M. Wahl (S. 1899.2.185), qui cependant l'invoque aujourd'hui à l'appui de sa thèse.

prudence unanime décidait que ces actions ne peuvent être créées que par l'unanimité des actionnaires. La loi nouvelle confère ce droit à l'assemblée générale extraordinaire. C'est là une véritable innovation [1].

36. *Discussion.* — Quoi qu'on en dise, il n'est nullement « certain » qu'antérieurement la loi refusait à l'assemblée générale extraordinaire le droit de créer des actions de priorité. Sans doute, la Cour de Paris en a décidé ainsi [2]; c'est d'ailleurs la seule décision que nous connaissions d'un tribunal français sur la question et l'on ne peut dire sérieusement dès lors qu'une « jurisprudence unanime » s'est prononcée en ce sens. Il est vrai également que cette décision a été approuvée par un grand nombre d'auteurs [3]. Mais l'opinion contraire peut, elle aussi, se réclamer d'auteurs considérables et d'arrêts autorisés. M. Mathieu, le rapporteur de la loi de 1867 devant le Corps législatif, a soutenu à la barre de la Cour de Paris la thèse de la quasi-omnipotence de l'assemblée générale [4]. M. Thaller, le savant professeur de droit commercial de la Faculté de Paris, a défendu la même opinion dans une dissertation magistrale qui a exercé une grande influence sur la jurisprudence ultérieure [5]. La Cour de cassation de Venise, jugeant d'après la loi française, a décidé de son côté, par un arrêt très fortement motivé, que cette loi permettait à l'assemblée générale extraordinaire de créer des actions de priorité [6]. Enfin, l'on ne peut méconnaître que la jurispru-

---

1. *Sic* Vavasseur et Wahl, *loc. cit.* ; Dreyfus, *Cote de la Bourse et de la Banque*, 3 décembre 1902.

2. 19 avril 1875, D. 1875.2.162. S. 1876.2.113 ; *J. Pal.*, 1876.1.467. — Cf. concl. de M. l'avocat général Hémar.

3. Houpin, I, n° 657 ; *Etude*, J.S. 1899, p. 103 ; Lyon-Caen et Renault; n°ˢ 558 *ter* et 867 ; Vavasseur, n°ˢ 167 et 531 ; Dalloz, *Suppl.*, V° *Soc.*; n° 1702 ; Rousseau, n° 1148 ; Frèrejouan du Saint, *Etude*, J.S. 1887.65.

4. V. arrêt ci-dessus. — Cf. Mathieu et Bourguignat, *Comm. de la loi de* 1867, n° 202.

5. Dalloz, 1893.1.110 : « ... Un commerçant est appelé à acheter son argent à des taux d'intérêt divers suivant les époques ou les maisons de crédit auxquelles il s'adresse. Une société qui émet des obligations engage bien ses revenus à un groupe de capitalistes... On ne voit pas là une contravention aux règles d'intérêt public. Pourquoi en apercevoir une dans la même combinaison transportée sur des actions ? »

6. 1ᵉʳ décembre 1874, *Rev.Soc.*, 1885.349. — Cf. Florence, 1ᵉʳ février 1884,

dence française, depuis l'arrêt susénoncé de 1875, s'est toujours montrée de plus en plus libérale sur la question des pouvoirs de l'assemblée. Tout en conservant l'ancienne formule, d'ailleurs très vague, à savoir que l'assemblée générale ne peut modifier les « bases essentielles » du pacte social, elle en est arrivée à ne considérer comme telles que deux clauses seulement, celles qui concernent l'*objet* et la *nature* de la société [1]. Or il n'est pas douteux que la création d'actions de priorité ne modifie ni l'objet ni la nature de la société.

Ne peut-on pas très légitimement conclure de là que la question était controversée avant la loi de 1902, tout comme la précédente ? La Cour de cassation ne s'était pas même prononcée, et un seul arrêt avait été rendu sur la question ; il n'y avait donc pas de « jurisprudence constante » ; d'autre part la doctrine était partagée [2].En proclamant la légalité des actions de priorité, le législateur ne pouvait manquer de trancher cette controverse. C'est ce qu'il a fait. En le faisant, il a interprété la loi antérieure, notamment l'article 31 de la loi de 1867 ; il n'a pas « élargi » les pouvoirs de l'assemblée, tels que la loi les avait déterminés jusque-là.

Du reste,il nous paraît difficile de penser que le Parlement ait, sans s'en douter, modifié la législation relative aux pouvoirs de l'assemblée générale extraordinaire. Et cependant c'est à cette conclusion — peu respectueuse — qu'il faut en arriver lorsqu'on admet que la loi de 1902 contient une innovation sur ce point [3],puisque les travaux préparatoires *affirment le contraire*. Nous reconnaissons volontiers que la loi a été faite hâtivement et qu'elle manque de clarté. Toutefois, nous ne pouvons sérieusement croire que le législateur ignorait et l'arrêt de la Cour de Paris du 19 avril 1875 et la controverse doctrinale relative à cette question. Les travaux préparatoi-

Rev.Soc.,1884.383 (Ces deux arrêts sont très utiles à consulter). *Sic* Clément, *Pouvoirs de l'assemblée générale pour les modifications du pacte social*, n° 97 ; Appleton, *Du droit pour les ass. extraord. de modifier les statuts sociaux*, n° 172.

1. Cass.,20 décembre 1882, D.1883.1.301, et 21 février 1885, D.1885.1.413.
2. *Sic* Wahl, *Jour. Soc.*, 1903, p. 49.
3. V. Extrait précité du rapport de M. Girard, *suprà*, n° 34.

res prouvent d'ailleurs le contraire. Il en résulte que nous sommes forcés de le croire lorsqu'il nous apprend dans ces mêmes travaux préparatoires qu'il n'a fait aucune innovation.

37. *Deuxième argument* : *prétendus droits acquis des actionnaires*. — On ajoute que la loi du 9 juillet 1902 ne saurait être considérée comme produisant un effet rétroactif, parce qu'elle porterait ainsi atteinte à des droits acquis. Dans le contrat de société, dit-on, la clause qui concerne la répartition des bénéfices est, de l'aveu de tous, une clause essentielle, et qui ne peut être notifiée que par l'unanimité des actionnaires. Chaque contractant a un droit acquis, d'après les uns, à ce que la répartition reste conforme rigoureusement au pacte social, et, d'après les autres, à ne pas être primé par d'autres actionnaires sans son consentement. D'ailleurs la création d'actions privilégiées ferait disparaître l'égalité absolue sur laquelle les actionnaires d'origine ont le droit de compter[1].

38. *Réfutation de cet argument*. — Nous croyons que cet argument, bien que très spécieux, n'est pas fondé. Pour s'en convaincre, il faut considérer la portée de la délibération de l'assemblée générale qui a voté la création d'actions de priorité. Constitue-t-elle une modification de la réparti- tion prévue par les statuts ? En aucune façon. A-t-elle pour but de supprimer l'égalité qui a régné jusqu'ici entre les actionnaires ? Pas davantage. L'assemblée, ayant reconnu que la société avait besoin de ressources nouvelles, a pris le moyen qu'elle a cru le plus avantageux et le plus sûr pour s'en procurer. Voilà tout. Sans doute il résultera de sa déci- sion une certaine modification de la répartition statutaire des bénéfices, en ce sens qu'ils seront désormais partagés entre un plus grand nombre d'actionnaires ; mais l'assemblée générale n'a-t-elle pas le droit, soit d'augmenter le capital social, soit même, en cas de nécessité, de mettre en réserve une partie des bénéfices réalisés pendant l'exercice[2] ? Sans

---

1. V. Vavasseur, Rousseau, Wahl et Dreyfus, *loc. cit.*
2. V. sur cette question notre *Traité des parts de fondateur*, p. 175 et s.

doute aussi, du moins dans la plupart des cas, il faudra désormais prélever sur les bénéfices bruts, avant tout partage,
une somme suffisante pour rémunérer le capital nouveau.
Mais n'en serait-il pas de même si l'assemblée avait voté un
emprunt ? De quoi donc les actionnaires d'origine se plaignent-
ils ? De ce que les actionnaires jouiront d'un droit de préférence par rapport à eux-mêmes ? Mais ne devaient-ils pas
envisager cette éventualité ? L'article 34, on le sait mainte-
nant, autorisait la création d'actions de priorité. Ils n'avaient
donc pas un droit acquis à ce qu'il ne soit pas émis de titres
de cette nature. Au surplus, le sacrifice qu'ils auront à sup-
porter sera moins lourd que s'il avait créé des obligations,
puisque celles-ci ont droit au coupon d'intérêts même en
l'absence de bénéfices.

Ce qui montre bien la fausseté du raisonnement, c'est l'ob-
servation suivante. On prétend que les actionnaires tiennent
ce prétendu droit acquis de la clause statutaire d'après laquelle « chaque action donne droit dans la propriété de l'actif
social et dans le partage des bénéfices à une part proportion-
nelle au nombre des actions émises [1] ». Mais qu'on y prenne
garde ! Si elle était la signification de cette clause, qui est
une clause de style et qui figure dans tous les statuts sans
exception, aucune société, même constituée depuis le 9 juillet 1902, ne pourrait émettre d'actions de priorité. En effet, la
loi réserve le cas d'une interdiction, d'une stipulation contraire contenue dans les statuts. Avec l'interprétation forcée
que l'on donne à cette clause banale, tous les statuts contiendraient cette interdiction, qui résulterait ainsi du contrat lui-
même, implicitement tout au moins, de sorte qu'aucune
société ne serait admise à profiter de la nouvelle loi.

Au surplus, on peut se demander quelle raison sérieuse ont
les actionnaires d'origine de s'opposer ainsi à l'émission
des actions de priorité. Si l'assemblée générale extraordinaire
a reconnu, d'une part, que la société avait absolument besoin
d'argent, et que, d'autre part, elle ne pouvait s'en procurer

---

1. Cet argument a précisément été invoqué par le Tribunal de commerce de la Seine. V. n° 30.

par l'émission d'actions ordinaires ou même d'obligations, n'est-il pas de l'intérêt de tous que la société saisisse le seul moyen qui s'offre à elle d'en trouver ? Est-ce que ces ressources nouvelles ne vont pas, en ranimant l'entreprise qui périclitait, faute d'argent, sauver l'actif commun et par là même profiter aux anciens actionnaires ? Dès lors où est le préjudice dont ils se plaindraient [1] ?

Article 3. — **Sociétés en commandite par actions.**

39. *Situation de ces sociétés.* — Quelle est la situation des sociétés en commandite au regard de la nouvelle loi ? Il est certain que celle-ci ne les atteint pas. En effet le législateur s'est borné à modifier l'article 34, lequel s'applique exclusivement aux sociétés anonymes. Mais résulte-t-il de là que les sociétés en commandite ne puissent pas créer d'actions de priorité ? Nullement. Ces sociétés restent placées sous l'empire de la législation antérieure. Avant la loi du 9 juillet 1902, c'est en définitive l'article 34 seul qui, en raison de son texte indécis, faisait obstacle à la création d'actions privilégiées par les sociétés anonymes. Cet obstacle n'existait pas pour les sociétés en commandite, auxquelles ce texte est étranger. Par conséquent, aujourd'hui comme auparavant, les sociétés en commandite peuvent émettre des actions de priorité, sous la seule condition de ne pas violer l'article 1855 du Code civil [2].

En rédigeant la loi nouvelle en ces termes, le législateur a, sans aucun doute, commis un oubli. Au lieu de corriger l'article 34, qui est relatif seulement aux sociétés anonymes, il

---

1. On pourrait enfin ajouter que la loi du 9 juillet 1902 devrait s'appliquer aux sociétés antérieures, même si l'on croyait à l'existence de ces prétendus droits acquis. Le législateur a le droit de faire produire en tous cas aux lois nouvelles un effet rétroactif. Or on a vu plus haut (V. n° 34) que la loi de 1902 n'est vraiment utile qu'autant qu'on lui en reconnaît un semblable.

2. *Sic* M. Girard : « Les dispositions dont nous venons de résumer l'économie, étant relatives aux sociétés anonymes, n'apportent par suite aucune modification au régime actuellement en vigueur des sociétés en commandite par actions. » Cf. Decugis, p. 19, et Vavasseur.

eût mieux valu proclamer clairement et d'une manière générale la légalité des actions de priorité. De la sorte les dispositions nouvelles eussent été applicables à toutes les sociétés par actions.

40. *Mode de création des actions de priorité.* — Il ne suffit pas de constater que les sociétés en commandite par actions peuvent créer des actions de priorité. Il faut encore savoir comment elles les créeront valablement et si les sociétés existantes auront le droit de le faire.

Nous sommes très tentés de résoudre ces deux questions comme nous l'avons fait pour les sociétés anonymes. Le législateur a considéré pour celles-ci que l'assemblée générale a le droit de recourir à ce moyen d'augmenter le capital, sans qu'il soit besoin d'exiger l'unanimité des actionnaires ; d'autre part il a voulu que les actions de priorité entrent immédiatement dans la pratique des affaires, ce qui ne peut être réalisé qu'autant que les sociétés existantes seront admises à émettre des actions de cette nature. Telles sont, semble-t-il, les solutions conformes à l'esprit de la loi comme aussi au bon sens ; il convient de les étendre aux sociétés en commandite.

Cependant nous ne nous dissimulons pas que ce sont là seulement des solutions proposées par un commentateur, et qu'un texte formel serait bien préférable. Ce texte n'existe pas. Or le gérant d'une société en commandite par actions hésitera très fort à courir l'aventure et à s'exposer à une annulation. Aussi est-il à prévoir que, dans la pratique, ces sociétés, du moins les sociétés existantes, oseront bien rarement créer des actions de priorité.

Il existerait bien un moyen de tourner la difficulté : ce serait de transformer la société en une société anonyme. Mais un autre obstacle se présentera alors : l'assemblée générale a-t-elle ce droit en l'absence d'une clause expresse ? N'est-ce pas là un « changement essentiel[1] » ? En tous cas une semblable transformation est assez dispendieuse[2].

---

1. V. notamment note de M. Floucaud-Pénardille, sous Cass., 18 octobre 1899, *R. S.* 1900, 54.
2. M. Génevois (p. 30) se demande si les sociétés à capital variable

SECTION III

TROISIÈME PARAGRAPHE DE LA LOI.
DROIT DE VOTE ÉGAL.

Sauf dispositions contraires des statuts, les actions de priorité et les autres actions ont, dans les assemblées, un droit de vote égal.

41. *Inutilité de cette disposition.* — Il est de principe fondamental que les actionnaires, à égalité de titres, ont le même droit de vote. On ne s'était jamais jusqu'ici posé la question de savoir s'il en pourrait être autrement, et tous les articles de la loi de 1867 admettent implicitement que chaque actionnaire doit avoir un droit de vote égal [1]. C'est justice, puisque leur apport social est le même.

La loi de 1902 autorise les exceptions à cette règle. L'assemblée générale qui créera des actions de priorité pourra, sauf disposition contraire des statuts, leur conférer un droit de vote inégal.

L'utilité de cette disposition ne nous apparaît pas, et les divers commentateurs semblent bien penser de même.

42. *Intérêts différents des actionnaires des deux catégories.* — Est-ce à dire que les intérêts des actionnaires privilégiés soient identiques ? Nullement. Lorsque ceux-ci ont droit à un dividende fixe, ils désirent qu'on porte à la réserve la plus grande partie des bénéfices réalisés, afin d'être sûrs de toucher toujours leur dividende, même dans les années mauvaises. D'ailleurs ils s'opposeront à ce qu'on consacre ces réserves au développement des affaires, parce que leur dividende pourrait être compromis, tout au moins dans les premières années. Les intérêts des uns et des autres sont donc, sinon contraires, du moins différents. Mais ce n'est pas une raison suf-

peuvent créer des actions de priorité. Nous croyons, comme lui, et sans aucune hésitation, qu'elles le peuvent, puisque ces actions sont légales.

1. V. Houpin, *J. S.* 1899, 532.

fisante pour qu'on doive donner, soit aux actionnaires ordinaires, soit aux actionnaires privilégiés, une préférence quant au droit de vote [1].

SECTION IV

QUATRIÈME PARAGRAPHE DE LA LOI.
MODIFICATION DES DROITS DE L'UNE DES DIFFÉRENTES
CATÉGORIES D'ACTIONS.

« Dans le cas où la décision de l'assemblée générale comporterait une modification dans les droits respectifs des actions des différentes catégories, il faut, en dehors de l'assemblée générale, convoquer une assemblée spéciale des actionnaires dont les droits ont été modifiés. Cette assemblée spéciale doit délibérer, eu égard au capital représenté par les actions dont il s'agit, dans les conditions de l'article 31 de la loi du 24 juillet 1867, en tant que les statuts ne contiendraient pas d'autres prescriptions. »

43. *But de la disposition.* — Personne ne nous contredira quand nous affirmerons que ce texte n'est pas clair. L'idée en est cependant assez facile à dégager. Le législateur a voulu que, lorsqu'une résolution projetée doit modifier les droits d'une des deux catégories d'actionnaires, elle ne puisse devenir définitive qu'autant qu'elle aura reçu l'approbation particulière des actionnaires dont les intérêts sont en jeu [2].

1. Le meilleur moyen pour éviter tout conflit entre ces deux catégories d'actionnaires, quant à l'emploi et à la répartition des bénéfices disponibles, serait de réglementer d'une manière très minutieuse la constitution des réserves extraordinaires, comme aussi de conférer aux actionnaires privilégiés la nomination d'un ou plusieurs administrateurs. Nous nous permettons de donner ce conseil aux rédacteurs de statuts. Ces dispositions peuvent d'ailleurs être prises seulement pour un certain nombre d'années ou jusqu'à ce que les dividendes distribués aient atteint un certain chiffre.

2. Cette disposition a été empruntée, par erreur, à l'*ancien* Code allemand. Le nouveau Code (du 10 mai 1897) contient un texte plus clair : « *Section IV. Des modifications à l'acte de société...* article 275... Si le rapport dans lequel se trouvaient entre elles plusieurs catégories d'actions investies de droits différents doit subir une modification au détriment d'une quelconque de ces catégories, il y a lieu d'exiger indépen-

44. *Cas d'application.* — Dans quels cas une modification semblable peut-elle être projetée ? Supposons que la société, après avoir émis une première fois des actions de priorité, estime qu'il est nécessaire d'en émettre de nouvelles. Il se trouve que les avantages qui avaient été concédés aux premières sont tels qu'ils absorbent à peu près complètement les bénéfices et que par conséquent les actions nouvelles ne pourront pas être souscrites si l'on ne les réduit point. Par exemple, on avait promis un dividende fixe de 6 0/0, et l'on croit indispensable de le ramener à 4 0/0 pour que les nouveaux actionnaires soient eux-mêmes assurés de recevoir l'intérêt de leur argent. Cette modification projetée lèse évidemment les porteurs des actions privilégiées existantes [1].

D'autres modifications peuvent être proposées. M. Decugis cite le cas où les actionnaires privilégiés, n'ayant droit qu'à un dividende fixe, préféreraient transformer leurs titres en actions ordinaires, pour recevoir une part plus avantageuse des bénéfices importants que réalise la société.

Le vote d'un emprunt est-il de nature à modifier les droits des actionnaires privilégiés ? Non. La loi n'a prévu qu'une modification dans les droits respectifs des actionnaires. Or, si la société était forcée de faire un emprunt, les prêteurs passeraient nécessairement avant tous les actionnaires, de quelque catégorie qu'ils soient [2].

45. *Convocation successive de deux assemblées.* — Lors-

damment du consentement de l'assemblée générale, une décision conforme, résultant d'un acte spécial émis par les actionnaires lésés ; ... la décision des actionnaires lésés n'est valablement rendue qu'autant qu'elle a été publiée en projet... » Il est regrettable qu'on ait emprunté à la loi allemande un texte qui a été reconnu défectueux et remplacé par un autre plus clair.

1. M. Wahl (*Observations*, J. S. 1903, 49), soutient cependant le contraire. Il pose à ce propos la question de savoir, si lors de la première émission d'actions de priorité, l'assemblée générale pourrait prendre vis-à-vis des souscripteurs de ces titres l'engagement de n'en plus créer d'autres, et il la résout négativement. Nous estimons que la société peut fort bien s'engager dans ces termes, et que cet engagement serait parfaitement valable.

2. M. Génevois (p. 28) fait remarquer justement : 1° que les deux catégories d'actionnaires peuvent être intéressées par la modification proposée ; 2° que les deux assemblées exigées par la loi peuvent être tenues le même jour.

qu'une modification de ce genre est proposée, on la soumet d'abord à l'assemblée générale de tous les actionnaires. Si elle est admise par cette assemblée, le projet doit ensuite être porté devant l'assemblée spéciale des actionnaires intéressés. Il ne deviendra *définitif* que lorsque cette assemblée l'aura elle-même adopté [1].

46. *Constitution de l'assemblée spéciale.* — Comment sera constituée cette assemblée spéciale ? La loi dit : « dans les conditions de l'article 31 de la loi du 24 juillet 1867 », c'est-à-dire comme l'assemblée générale extraordinaire. Elle doit donc être composée d'un nombre d'actionnaires représentant la moitié au moins de la fraction du capital dont dépendent les titres intéressés.

Mais la loi ajoute : « en tant que les statuts ne contiendraient pas d'autres prescriptions ». Qu'est-ce à dire ? Cela signifie-t-il que les statuts peuvent réduire le *minimum* fixé par le législateur et décider que cette assemblée délibérera valablement dès que le tiers ou même le quart de cette fraction du capital sera représenté ? Nous ne le croyons pas, car on ne comprendrait pas l'utilité de cette disposition si les parties conservaient la liberté de l'abolir par les statuts. Cela veut dire sans nul doute que les statuts pourront élever ce *minimum*. Mais ils ne pourront pas l'abaisser [2].

47. *Sanction.* — La sanction de cette disposition sera la nullité de toute délibération qui n'aurait pas été prise conformément à la loi. Chacun des actionnaires intéressés pourra la faire prononcer, soit que l'assemblée spéciale n'ait pas été convoquée, soit qu'elle n'ait pas délibéré en se conformant aux exigences de la loi nouvelle. Cette solution ne saurait être contestée, à raison du caractère impératif de ces prescriptions.

---

1. *Sic* M. Girard, rapport : ... « Cette délibération ne pourra être définitive qu'après *ratification* par une assemblée spéciale des actionnaires dont les droits ont été modifiés. » Ces derniers mots, qui se retrouvent dans la loi, ne sont évidemment pas très bien choisis ; il eût mieux valu dire par exemple : dont les droits sont *sur le point* d'être modifiés. Mais l'intention du législateur n'est pas cependant bien difficile à comprendre (*Sic*, Génevois, p. 28).

2. *Sic* Génevois, *loc. cit.*

DEUXIÈME PARTIE

COMMENTAIRE DU PROJET DE LOI MODIFIANT LA LOI DU 9 JUILLET 1902

Voté par le Sénat, le 10 mars 1903.

48. *Nouveau projet de loi voté par le Sénat.* — Ce commentaire était en cours d'impression lorsque le Sénat a discuté — si l'on peut parler ainsi — et voté le nouveau projet de loi de M. Girard, lequel avait pour but de remédier aux imperfections de la loi du 9 juillet 1902 [1]. Ce projet a été amélioré dans l'intervalle de la première et de la seconde lecture. Le texte voté le 10 mars 1903 donne satisfaction à tous ceux qui avaient critiqué la loi du 9 juillet 1902. Il est à souhaiter que la Chambre des députés le consacre au plus tôt, de sorte que les sociétés existantes puissent désormais, sans aucune hésitation ni aucun danger, profiter de la faculté que leur a donnée cette loi.

Voici le texte du projet de loi voté par le Sénat :

ART. 1er. — Les articles 1er et 2 de la loi du 9 juillet 1902 sont modifiés ainsi qu'il suit :

Art. 1er. — L'article 34 du Code de commerce est ainsi complété :

« Le capital social des sociétés par actions se divise en actions et même en coupons d'actions d'une valeur nominale égale.

« Toute société par actions peut, par délibération de l'assemblée générale constituée dans les conditions prévues par l'article 31 de la loi du 24 juillet 1867, créer des actions de priorité, jouissant de certains avantages sur les autres actions ou conférant des droits d'antériorité, soit sur les bénéfices, soit sur l'actif social, soit sur les deux, si les statuts n'interdisent point, par une prohibition directe et expresse, la création d'actions de cette nature.

« Sauf dispositions contraires des statuts, les actions de priorité et les autres actions ont, dans les assemblées, un droit de vote égal.

« Dans le cas où une décision de l'assemblée générale comporterait une modification dans les droits attachés à une catégorie d'ac-

1. V. *Journal officiel.* Séances du 12 février et du 10 mars 1903.

tions, cette décision ne sera définitive qu'après avoir été ratifiée par une assemblée spéciale des actionnaires de la catégorie visée. Cette assemblée spéciale, pour délibérer valablement, doit réunir au moins la moitié du capital représenté par les actions dont il s'agit, à moins que les statuts ne prescrivent un minimum plus élevé. »

Art. 2. — Le paragraphe 3 de l'article 3 de la loi du 24 juillet 1867, modifié par la loi du 1er août 1893, est ainsi complété :

« En cas de fusion de sociétés par voie d'absorption, ou de création d'une société nouvelle englobant une ou plusieurs sociétés préexistantes, l'interdiction de détacher des actions de la souche et de les négocier ne s'applique pas aux actions d'apport attribuées à une société par actions ayant, lors de la fusion, plus de deux ans d'existence. »

ART. 2. — La présente loi est applicable aux sociétés fondées antérieurement ou postérieurement à la présente loi. »

49. *Commentaire du projet de loi.* — Pour permettre au lecteur de bien comprendre les modifications apportées à l'ancien texte, il convient de mettre en regard de celui-ci le texte nouveau.

ARTICLE 1er

PARAGRAPHE PREMIER DE LA LOI.

LÉGALITÉ DES ACTIONS DE PRIORITÉ.

Ancien texte.	*Nouveau texte.*
Le capital social de la société anonyme se divise en actions et même en coupons d'actions d'une valeur nominale égale.	Le capital social des sociétés *par actions* se divise en actions et même en coupons d'actions d'une valeur nominale égale.

50. *Nouvelle modification du texte de l'article 34 du Code de commerce.* — En substituant aux mots : « société anonyme » les mots : « sociétés par actions », le législateur met sur la même ligne — avec raison — les sociétés en commandite par actions et les sociétés anonymes. De la sorte la loi de 1902 devient incontestablement applicable aux premières, qui pourront profiter des facilités qu'elle accorde pour la création des actions de priorité. C'est là une amélioration réelle.

PARAGRAPHE DEUXIÈME DE LA LOI.
CRÉATION DES ACTIONS DE PRIORITÉ.

Ancien texte.	*Nouveau texte.*
Sauf les dispositions contraires des statuts, la société peut créer des actions de priorité, investies du droit de participer avant les autres actions à la répartition des bénéfices ou au partage de l'actif social.	Toute société par actions peut, par délibération de l'assemblée générale constituée dans les conditions prévues par l'article 31 de la loi du 24 juillet 1867, créer des actions de priorité jouissant de certains avantages sur les autres actions ou conférant des droits d'antériorité, soit sur les bénéfices, soit sur l'actif social, soit sur les deux, si les statuts n'interdisent point, par une prohibition directe et expresse, la création d'actions de cette nature.

51. *Deux améliorations principales.* — Le texte nouveau complète heureusement l'ancien texte en supprimant les controverses auxquelles il avait déjà donné lieu. Le projet de loi offre une définition beaucoup plus complète et plus large de l'action de priorité ; en outre il dit expressément que l'émission de ces titres pourra être votée par l'assemblée générale extraordinaire.

52. *Nouvelle définition des actions de priorité.* — On avait contesté que l'action de priorité pût comporter la double priorité, et pour les bénéfices et pour la répartition de l'actif social ; en tous cas on prétendait qu'elle ne pouvait point comporter autre chose qu'une priorité (V. *suprà*, n° 17). Cette opinion, que nous avions rejetée, est écartée expressément

par le Sénat, puisque les actions de priorité peuvent « jouir
de certains avantages sur les autres actions, ou conférer des
droits d'antériorité soit sur les bénéfices, soit sur l'actif social,
soit sur les deux ».

53. *Mode de création de ces actions.* — En second lieu on
s'était demandé comment la société pourrait créer les actions
de priorité, s'il fallait l'unanimité des actionnaires, ou bien
s'il suffisait d'une délibération de l'assemblée générale extraordinaire. La discussion s'était élevée très vive principalement
au sujet des sociétés constituées avant la loi du 9 juillet 1902
(V. *suprà,* n°s 26 et s.). Le projet de loi tranche la question
en disant que « toute société par actions peut créer des actions
de priorité *par délibération de l'assemblée générale constituée
dans les conditions prévues par l'article* 31 *de la loi du* 24 *juillet* 1867 ». Il ajoute d'ailleurs que « la présente loi est applicable aux sociétés fondées antérieurement ou postérieurement à la présente loi » (art. 2 du projet).

54. *Deux autres modifications de l'ancien texte.* — Les
mots : « toute société par actions », ajoutés par le projet, in-
diquent de nouveau que la loi de 1902 pourra également
s'appliquer aux sociétés en commandite par actions.

Enfin l'on a remplacé les mots : « sauf les dispositions contraires des statuts » par ceux-ci : « si les statuts n'interdisent
point, par une prohibition directe et expresse, la création d'actions de cette nature ». C'est là encore une modification utile.
Certaines personnes en effet avaient cru trouver une « disposition contraire » dans la clause habituelle des statuts d'a-
près laquelle chaque action donne droit à une part égale
dans le partage des bénéfices et la répartition de l'actif social
(V. *suprà,* n° 38). C'était là un argument bien faible que le
Tribunal de commerce de la Seine s'est cependant approprié
(V. n° 30). Afin de couper court à de semblables interpréta-
tions, le projet de loi exige dorénavant une « interdiction
directe et expresse » pour que la création d'actions de priorité doive être considérée comme défendue par les statuts.

PARAGRAPHE TROISIÈME DE LA LOI :

DROIT DE VOTE ÉGAL.

55. *Pas de modification.* — Ce paragraphe n'a pas été modifié. Il n'avait d'ailleurs fait l'objet d'aucune critique de la part des commentateurs de la loi.

PARAGRAPHE QUATRIÈME DE LA LOI :

MODIFICATION DES DROITS DE L'UNE DES DIFFÉRENTES CATÉGORIES D'ACTIONS.

Ancien texte.	*Texte nouveau.*
D ans le cas où la décision de l'assemblée générale comporterait une modification dans les droits respectifs des actions des différentes catégories, il faut, en dehors de l'assemblée générale, convoquer une assemblée spéciale des actionnaires dont les droits ont été modifiés. Cette assemblée spéciale doit délibérer, eu égard au capital représenté par les actions dont il s'agit, dans les conditions de l'article 31 de la loi du 24 juillet 1867, en tant que les statuts ne contiendraient pas d'autres prescriptions.	Dans le cas où une décision de l'assemblée générale comporterait une modification dans les droits attachés à une catégorie d'actions, cette décision ne sera définitive qu'après avoir été ratifiée par une assemblée spéciale des actionnaires de la catégorie visée. Cette assemblée spéciale, pour délibérer valablement, doit réunir au moins la moitié du capital représenté par les actions dont il s'agit, à moins que les statuts ne prescrivent un minimum plus élevé.

56. *Rédaction plus claire.* — L'ancien texte avait donné lieu à des critiques fondées ; il n'était pas clair et ne traduisait pas exactement la pensée du législateur. Le nouveau texte exprime plus nettement l'idée de la loi, dans le sens dans lequel nous l'avions interprétée (V. n°s 43 et s.). Il décide que, lorsque les administrateurs de la société soumettent aux actionnaires une résolution qui est de nature à modifier les droits attachés à l'une des diverses catégories d'actions, le vote de l'assemblée de tous les actionnaires ne deviendra définitif qu'après avoir été confirmé par l'assemblée spéciale des actionnaires dont les intérêts sont en jeu. D'autre part, il spécifie que la moitié du capital représenté par les actions dont il s'agit est un *minimum*, qui peut être élevé par les statuts. C'est ainsi que nous avions traduit l'ancien texte sur cette dernière question (V. *suprà*, n° 46).

ARTICLE 2

« *La présente loi est applicable aux sociétés fondées antérieurement ou postérieurement à la présente loi.* »

57. — *La loi s'applique à toutes les sociétés.* — Cet article n'a pas besoin d'un long commentaire. Nous avons indiqué les raisons pour lesquelles certains auteurs refusaient d'appliquer la loi du 9 juillet 1902 aux sociétés constituées antérieurement à sa promulgation ; même le Tribunal de commerce de la Seine s'est prononcé en ce sens (V. *suprà*, n°s 30 et s.). Nous avons, en ce qui nous concerne, vivement combattu cette opinion. Il est aujourd'hui décidé formellement par le Sénat que la loi doit s'appliquer aux sociétés antérieurement constituées comme aux autres.

CONCLUSION

58. *Situation provisoire.* — En attendant le vote de la Chambre, quelle sera la situation des sociétés qui voudraient mettre à profit la faculté ouverte par la loi du 9 juillet 1902 ?

En ce qui concerne les sociétés anonymes, du moins pour celles qui auront été constituées depuis cette loi, il n'est pas douteux qu'il leur est loisible d'ores et déjà de créer — en vertu d'une délibération de l'assemblée générale extraordinaire — des actions de priorité auxquelles elles pourront conférer tous les avantages et priorités quelles voudront. sous la seule réserve indiquée plus haut (V. n° 25).

Pour les sociétés constituées avant la promulgation de la loi, peuvent elles faire de même, sans avoir obtenu l'adhésion de *tous* les actionnaires ? — La discussion qui a eu lieu le 10 mars 1903 au Sénat ne fait que nous confirmer dans notre conviction sur ce point, et le rapporteur a fait valoir les mêmes arguments qui l'avaient déjà déterminée [1]. En présence de cette déclaration réitérée et catégorique, nous admettons difficilement que les tribunaux persévèrent dans la jurisprudence inaugurée par les juges consulaires de Paris. Cependant, comme les sociétés n'aiment pas courir les aventures, ce qui est facile à concevoir, il est nécessaire que leur situation soit bientôt fixée. Que la Chambre des députés transforme en loi le projet adopté par le Sénat, ou bien que la Cour d'appel de Paris infirme le jugement du tribunal de commerce, peu importe, pourvu que cette regrettable incertitude disparaisse au plus vite.

Quant aux sociétés en commandite par actions, la disposition adoptée par le Sénat donne une autorité plus grande à la solution que nous avons proposée (V. no 40). Si, comme le législateur semble bien l'avoir admis, la création des actions de priorité ne constitue pas une modification aux bases essentielles de la société et ne lèse pas non plus les droits acquis des actionnaires d'origine, rien ne s'oppose à ce qu'une société en commandite, même constituée avant la loi du 9 juillet 1902, augmente de cette façon son capital. Quoi qu'il en soit, il est également fort désirable que la Chambre se prononce bientôt sur ce point.

1. Extrait du discours de M. Girard, auteur du nouveau projet de loi et rapporteur de la commission... « Cela paraissait bien clair (dit-il en parlant du passage cité *suprà*, no 34, note 3). Dans l'esprit de votre rapporteur, dans l'esprit de la commission, dans l'esprit même du Sénat, *nous faisions une loi interprétative...* Si la jurisprudence du Tribunal de commerce de la Seine devait prévaloir, *la loi resterait à l'état de lettre morte,* nous n'aurions rien fait, ou plutôt nous n'aurions fait que gêner le fonctionnement des sociétés, alors que notre but était au contraire de sauvegarder leurs intérêts... » (V. *Officiel,* Sénat, Séance du 10 mars 1903).

TRAITÉ

DES

PARTS DE FONDATEUR

(AVEC FORMULES)

PAR

Émile LECOUTURIER

AVOCAT A LA COUR D'APPEL DE PARIS

AVEC PRÉFACE

PAR

C. HOUPIN

RÉDACTEUR EN CHEF DU « JOURNAL DES SOCIÉTÉS »

Un volume in-8°. Prix.   7 francs